AF264039

NOTICE BIOGRAPHIQUE

M. Adolphe Thiers

ANCIEN PRÉSIDENT DE LA RÉPUBLIQUE

NOTICE BIOGRAPHIQUE

SUR

M. A. THIERS

ANCIEN PRÉSIDENT DE LA RÉPUBLIQUE

THIERS (Louis-Adolphe) naquit à Marseille le 15 avril 1797. Sa famille appartenait à la bonne bourgeoisie ; mais, au moment où M. Thiers venait au monde, ses parents avaient vu leur modeste fortune détruite par les guerres de la Révolution et se trouvaient dans une situation fort gênée. Lorsque le jeune Adolphe fut en âge de commencer ses études, on le fit entrer avec une bourse au lycée de Marseille dont il devint bientôt l'un des plus brillants élèves. M. Thiers, du reste, conserva toujours un vif souvenir du collége où il avait remporté ses premiers succès, et l'on se rappelle, lors du dernier voyage qu'il fit à Marseille, avec quel plaisir et quelle émotion il se plut à revoir les lieux où s'étaient écoulées ses premières années d'études.

A sa sortie du lycée, M. Thiers prit ses inscriptions à l'École de droit d'Aix et, en 1820, il se fit recevoir avocat. Mais ce n'était pas là le but auquel voulait s'arrêter le jeune étudiant. Déjà, à ce moment, il avait réuni avec une admirable patience les éléments d'un immense travail sur la Révolution française et le résultat de cette besogne de bénédictin avait été de révéler en lui deux hommes : le journaliste et l'historien.

Pour une intelligence aussi vaste que celle de M. Thiers, la petite ville d'Aix était un théâtre trop étroit ; aussi ne tarda-t-il pas à prendre le chemin de Paris, léger d'argent, mais fort de cette volonté à toute épreuve et de cette confiance en lui-même dont il ne s'est jamais départi.

A propos de ses débuts à Paris, on raconte une anecdote assez curieuse et qui montre que le jeune avocat était déjà traité en enfant gâté par la fortune. Il s'était présenté à la Chambre muni d'une lettre de recommandation pour le duc de Larochefoucault-Liancourt. C'était justement pendant cette séance, restée célèbre, où le député Manuel fut expulsé de la Chambre. M. Thiers s'élança vers Manuel au moment où celui-ci était entraîné en dehors de la salle; il lui saisit les deux mains en cherchant à ameuter la foule. Grâce à cette petite manifestation qui lui valut les sympathies de Manuel, son compatriote, M. Thiers put entrer quelques jours après au *Constitutionnel*, où il débuta par des articles critiques sur le Salon de 1822, articles qui eurent un certain succès.

En 1823, il collaborait aux *Tablettes historiques*, en même temps qu'il commençait à écrire son *Histoire de la Révolution française* qui ne fut terminée qu'en 1827. L'apparition de ce livre fut tout un événement et M. Thiers avait dès lors sa place marquée parmi les grands historiens. Mais les patientes recherches de l'histoire ne pouvaient suffire à satisfaire la dévorante activité du futur homme d'État. Il était né pour la lutte, ce fut par la lutte qu'il arriva.

C'était en 1829: le ministère Martignac venait de succomber et M. de Polignac prenait la direction des affaires. Ce ministre, qui dès le début était impopulaire, fut immédiatement battu en brèche par M. Thiers qui, ne trouvant pas dans le *Constitutionnel* une arme suffisante, fonda le *National* de concert avec Armand Carrel qui apportait au nouveau journal la même ardeur et la même vivacité de polémique.

Quand parurent les fameuses ordonnances de juillet (26 juillet 1830), M. Thiers déclara à ses collaborateurs qu'il fallait refuser de se soumettre aux ordonnances, et il rédigea une protestation qui fut publiée par le *National*.

Le même jour la révolution éclatait. Le surlendemain 28, M. Thiers et ses deux collaborateurs, Mignet et Armand Carrel, quittaient Paris pour se soustraire au mandat d'arrêt lancé contre eux par le gouvernement de Charles X; mais leur absence ne fut pas de courte durée, car le *National* était devenu le centre de l'insurrection armée; d'ailleurs, la victoire du parti libéral n'était plus douteuse. En effet, le lendemain 29, M. Thiers rédigeait comme ballon d'essai une proclamation ainsi conçue :

« Charles X ne peut plus rentrer dans Paris : il a fait couler le sang du peuple.

« La république nous exposerait à d'affreuses divisions ; elle nous brouillerait avec l'Europe.

« Le duc d'Orléans est un prince dévoué à la cause de la révolution.

« Le duc d'Orléans ne s'est jamais battu contre nous.

« Le duc d'Orléans était à Jemmapes.

« Le duc d'Orléans a porté au feu les couleurs tricolores ; le duc d'Orléans peut seul les porter encore. Nous n'en voulons pas d'autres.

« Le duc d'Orléans ne se prononce pas. Il attend notre vœu. Proclamons ce vœu, et il acceptera la Charte comme nous l'avons toujours entendue et voulue. C'est du peuple français qu'il tiendra la couronne. »

De tous côtés cette protestation fut accueillie par les cris de « Vive le duc d'Orléans ! »

C'était donc un succès complet ; seulement, restait à savoir si celui dont on proclamait le nom consentirait à accepter le lourd fardeau du pouvoir. Il fut décidé entre M. Laffitte, le général Sébastiani et M. Thiers, que ce dernier se rendrait à Neuilly où était le prince. Là M. Thiers ne trouva pas le duc d'Orléans, mais la duchesse Madame Adélaïde, sa sœur, qui promit le consentement du prince.

De retour à Paris, il fut convenu entre M. Thiers et le général Sébastiani que l'on proposerait à la Chambre d'attribuer le titre de *lieutenant général du royaume* au duc d'Orléans ; cela servirait de pierre d'attente, en donnant de l'unité au gouvernement. Le titre de roi, soudainement offert, paraissait un danger ; celui de *lieutenant général* était un *mezzo termine* qui laissait du temps à la reconstitution de l'État.

L'idée fut adoptée d'enthousiasme.

Le duc d'Orléans fut invité à se rendre à Paris, pour être revêtu de l'autorité nouvelle. Il arriva à onze heures, dans la soirée du 30, jour où la proposition des membres de la Chambre avait été votée.

De semblables services ne pouvaient rester sans récompense ; aussi, dès son arrivée au ministère, le baron Louis appela-t-il auprès de lui en qualité de sous-secrétaire d'État le jeune publiciste qui était, d'ailleurs, son élève en finances. M. Thiers était déjà député à ce moment. Quelque temps après, lorsque le baron Louis demanda au nouveau roi d'accepter la résignation de ses fonctions, il lui recommanda M. Thiers pour son successeur. Louis-Philippe fit, en effet, mander ce dernier aux Tuileries, et lui offrit, mais en vain, le portefeuille des finances. M. Thiers refusa. Il se défiait de ces élévations trop soudaines et préférait attendre le moment où il serait l'homme nécessaire. Ce fut le 11 octobre 1832 qu'il consentit à accepter le portefeuille de l'Intérieur, laissé vacant par la mort de M. Casimir Périer. Peu de ministres ont eu à surmonter des obstacles aussi grands que M. Thiers à son avénement aux affaires. D'un côté l'agitation croissante du parti républicain ; de l'autre, les troubles de la Vendée, les émeutes de Lyon et, peu de temps après, celles de Paris, le procès célèbre qui en a été la suite, l'attentat de Fieschi, tout cela était certes de nature à dégoûter une nature moins énergique que celle du ministre de l'Intérieur.

Le 26 août 1836, voulant intervenir en Espagne en s'appuyant sur le traité de quadruple alliance, il se retira du cabinet sur l'opposition du roi.

Il profita de sa retraite pour faire un voyage en Italie et se livrer à ces études artistiques qui lui furent toujours si chères. Ce fut pendant ce voyage qu'il commença à former ce cabinet de curiosités dont on a tant parlé, et que peu de personnes connaissent. « M. Thiers, » dit M. Émile Cardon dans une très-intéressante étude publiée dans le *Soleil*, « M. Thiers ne ressemblait en rien aux véritables « *curieux* qui se font un plaisir de montrer les trésors de « leur galerie ; ce n'était qu'avec une extrême difficulté « qu'on parvenait à obtenir l'autorisation de jeter un coup « d'œil rapide sur les objets réunis par l'ancien ministre.

« Théophile Sylvestre, dont le goût sûr faisait autorité en « matière d'art, nous racontait un jour les démarches qu'il « avait dû faire pour franchir le sanctuaire, et en même « temps, il nous disait son immense déception en voyant « à côté de pièces fort remarquables, telles que des bron- « zes florentins de la belle époque de la Renaissance, quan- « tité de bibelots d'un goût douteux, de copies détestables, « telles que les aquarelles faites d'après les Raphaël du « Vatican, — « En somme, la collection d'un bourgeois dé-

« venu millionnaire, » nous disait-il. Mais ce qui outrait
« surtout Sylvestre, c'était la manière dont M. Thiers
« avait disposé une fort belle réduction des portes du bap-
« tistère de Florence, ce chef-d'œuvre de Ghiberti que
« Michel-Ange redoutait de voir enlever par le bon Dieu
« pour placer à l'entrée du Paradis.

« — Figurez-vous, nous disait-il, qu'elles sont placées
« sur le palier du vestibule du second étage, où se trouve
« le cabinet de M. Thiers, collées contre le mur, les deux
« panneaux non point réunis, mais séparés par la porte
« d'entrée du cabinet, une porte en bois peint acajou, le
« bois favori des portiers.

« Et il ajoutait : « J'allais chez M. Thiers avec l'intention
« de solliciter de lui l'autorisation de faire une étude sur
« l'ensemble de sa galerie. J'en suis sorti désillusionné
« sans doute, mais convaincu une fois de plus qu'on peut
« toujours juger de la grandeur ou de la petitesse d'esprit
« d'un homme par le milieu dans lequel il vit ; le nid est
« toujours bâti à la taille de l'oiseau. »

Sylvestre est un peu dur pour M. Thiers, mais on ne
peut nier que dans son jugement il n'y ait beaucoup de
vrai. On n'a, pour s'en convaincre, qu'à se reporter aux
longues discussions qu'eut M. Thiers, alors qu'il était ministre des travaux publics, avec Horace Vernet et Antoine
Etex. Malgré le cadre restreint de cette brochure nous ne
pouvons résister au désir de citer le récit qu'en fait
M. Antoine Etex dans ses *Souvenirs d'un artiste*. Il s'agissait
de la décoration de l'Arc de Triomphe de l'Étoile.

« M. Thiers, dit M. Etex, me parla d'un trophée à l'Arc
« de l'Étoile, qui devait représenter 1814 et avoir plus de
« quarante-cinq pieds de hauteur.

« Je ne me sentais pas de goût pour ce travail ; il me sem-
« blait extraordinaire que cette date de 1814, date de nos
« malheurs, parût en trophée sur notre Arc de Triomphe.

« Il n'importe, dit M. Thiers, j'y tiens, j'ai besoin de
« 1814 comme date.

« Voyant que je ne mordais pas à son idée, il fit sonner
« à mon oreille la somme ronde de trois cent mille francs
« de travaux, au cas où je pourrais lui composer le trophée
« de 1814. Rien n'y fit...

« M. Thiers me prit alors par le côté faible des artistes :
« par l'amour-propre.

« Personne, me dit-il, parmi les statuaires que j'ai fait
« appeler, n'a pu composer ce trophée. L'auteur du groupe
« de *Caïn* seul peut et doit traiter ce difficile sujet.

« Ce langage flatteur me séduisit à moitié ; sans m'en-
« gager positivement, je promis d'étudier la question.

. . . .

« Comme je réfléchissais, une idée lumineuse me vint à
« l'esprit. « Qu'y a-t-il de plus beau en 1814, me dis-je, si
« ce n'est la défense du sol de la patrie ? »

« Je me sentis sauvé. Au lieu d'un amas de défroques,
« de manches de vestes, de casques, d'épées et de fusils,
« d'obus, de canons, il faut des hommes, des femmes, des
« enfants, un vieillard, toute l'humanité en un mot...

« Je jetai sur mon cahier de croquis l'idée fondamentale
« du groupe principal, de l'homme de vingt-cinq à trente ans
« qui défend le sol de la patrie contre l'étranger, en même
« temps qu'il couvre de son corps son père blessé, sa
« femme et son enfant. Un cavalier est renversé ; or, un
« cheval a toujours été un excellent effet décoratif, surtout
« en sculpture architecturale. Au-dessus de tout cela
« devaient, dans une première pensée, planer des figures,
« celle de la Résistance et celle de la Commisération. A
« l'exécution du petit modèle esquissé, je supprimai la se-
« conde figure pour donner plus d'unité et de simplicité à
« ma composition.

« Je me mis sur-le-champ à modeler mon esquisse en
« terre glaise, et j'écrivis au ministre que je venais de
« trouver un projet que j'avais fait mouler en plâtre.

« Le ministre m'envoya, le soir même, *une ordonnance*
« pour m'annoncer que le lendemain, à sept heures, il
« m'attendrait à son cabinet. Dès six heures, je fis charger
« mon esquisse sur le dos d'un commissionnaire, et, avant
« sept heures, j'étais dans le salon du ministère, avec
« d'autres artistes, une douzaine pour le moins, et tout l'état-
« major des travaux publics. Mon esquisse fut apportée sur
« la grande cheminée du salon.

« — Tiens, dit M. Thiers qui sortit de son cabinet, c'est
« original ; mais, ajouta-t-il, vous ne faites donc pas de
« trophée d'armures ?

« — Ma foi non, monsieur le ministre ; j'ai pensé qu'il
« valait mieux faire un beau groupe qui exprimât une no-
« ble pensée.

« — Mais votre génie de l'avenir, c'est de la révolte ;
« dans votre cavalier renversé, le cheval est trop saillant.

« M. Thiers me fit encore d'autres critiques de métier
« proprement dites.

« Je défendais modestement mes idées ; quand je vis que
« le ministre me harcelait de ses critiques et ne laissait plus
« rien de ma pensée, je lui résistai, et avec calme, je lui
« fis mes observations.

« — Quel est le maître de nous deux ? me dit M. Thiers.

Je lui répondis : « — Vous êtes, il est vrai, monsieur le
« ministre, le maître de faire exécuter ce travail par qui
« bon vous semblera, mais moi, je ne pourrais l'exécuter
« que comme je le sens. »

« A ce mot, M. Thiers rentra brusquement dans son ca-
« binet et en ferma la porte avec bruit. »

Ce mouvement d'humeur fut, nous devons le dire, de
courte durée, et quelques instants après, M. Thiers deman-
dait à l'artiste une esquisse du pendant de ce trophée.....

Cependant le charme fascinateur du beau ciel d'Italie et
les merveilles dont est semé ce sol classique ne faisaient
pas oublier à M. Thiers les choses de la politique. Il prit
en effet une part très-active à la session de 1838 et revint
aux affaires comme président du Conseil et ministre des
affaires étrangères dans le cabinet du 1er mars 1840, mais
pour peu de temps. Au mois d'octobre suivant, par suite
de désaccord avec M. Guizot et le roi lui-même dans cette
fameuse affaire dite *affaire d'Orient*, il donna sa démission.

A partir de ce moment, jusqu'en 1845, M. Thiers se con-
sacra presque exclusivement à son *Histoire du Consulat et
de l'Empire*, dont il publia alors une partie. Néanmoins il fit
entre temps quelques réapparitions. C'est ainsi qu'il fit vo-
ter un crédit de 140 millions destiné à construire les forti-
fications de Paris. En 1842 il vint soutenir à la tribune la
loi de régence qui excluait la duchesse d'Orléans. En 1845
et 1846 il prit aussi la parole contre les jésuites et pour
défendre les droits de l'Université. Toutefois, jusqu'en
1848 son rôle fut un peu effacé.

A cette époque, dans la dernière session de la monarchie
de juillet, il dirigea les attaques les plus vives contre le
gouvernement et fut un de ceux qui prirent la part la plus
active à l'agitation libérale qui se produisit alors. En jouant
ce rôle à la Chambre, M. Thiers agissait un peu sous l'em-

pire du dépit de voir le gouvernement ne pas rechercher ses services ; aussi prit-il une attitude toute autre lorsque, dans la nuit du 23 au 24 février, le roi le chargea de former avec Odilon Barrot un nouveau ministère. Malheureusement, il était trop tard et M. Thiers dut reconnaître que ce remède *in extremis* était inutile.

En juin, il vota pour la dictature du général Cavaignac et, en décembre, pour la présidence du prince Louis-Napoléon dont il avait d'abord combattu la candidature.

Depuis le coup d'État de 1851 qui l'éloigna du territoire français, M. Thiers vécut dans la retraite jusqu'en 1863 où il fut envoyé au Corps législatif par la 2ᵉ circonscription de Paris. L'Empire avait dès lors en lui un adversaire redoutable et aussi, il faut le reconnaître, un conseiller dont la voix aurait dû parfois être écoutée. On se rappelle, en effet, que M. Thiers fit tous ses efforts pour empêcher la guerre à laquelle une fatale destinée semblait pousser la France.

A ce moment commença pour M. Thiers le plus beau rôle qu'il lui ait été donné de jouer, celui qui lui vaudra toujours la reconnaissance de tous les cœurs français. N'ayant pu empêcher la guerre, voyant ses avis méconnus, le vieil homme d'État chercha par tous les moyens possibles à adoucir les maux de la patrie expirante. C'est alors qu'on vit ce vieillard de près de 80 ans entreprendre à travers l'Europe ce voyage, qui sera son éternelle gloire, pour tâcher d'intéresser les puissances étrangères au sort de la France.

Malheureusement, ses efforts devaient demeurer inutiles : l'Europe monarchique délaissait la France révolutionnaire; celle-ci devait succomber. Néanmoins, les courageuses démarches de M. Thiers ne pouvaient manquer de lui conquérir la reconnaissance du pays; aussi fut-il élu membre de l'Assemblée nationale dans plus de vingt départements. Nommé chef du pouvoir exécutif, ce fut encore à lui qu'échut la tâche ingrate de discuter avec M. de Bismarck les conditions de la paix, et le devoir douloureux de réprimer l'insurrection de la Commune.

Un peu plus tard, nous le voyons s'employer activement à l'œuvre de la libération du territoire que, grâce au concours dévoué qu'il trouva en France et à l'étranger, il put mener à bonne fin.

Nous arrêterons ici la nomenclature des actes politiques de M. Thiers, parce que, à ce point, nous ne pourrions nous dispenser de signaler les incompréhensibles faiblesses, les déplorables compromissions de cet homme illustre. Nous ne parlerons donc ni de son attitude pendant qu'il fut au pouvoir, ni de sa démission devenue nécessaire au 24 mai 1873, ni de l'opposition de parti pris qu'il fit depuis cette époque au gouvernement de Maréchal de Mac-Mahon, et nous allons raconter immédiatement les derniers moments de sa vie.

Depuis quelque temps déjà, la santé de l'ancien Président de la République donnait des inquiétudes ; on remarquait chez lui un affaissement de mauvais augure. Un voyage au bord de la mer lui fut conseillé et il partit pour Dieppe ; mais l'illustre malade ne tarda pas à éprouver un froid général que rien ne put combattre. Il manifesta le désir de venir à Saint-Germain qu'il avait habité autrefois et dont il avait conservé un très-agréable souvenir. Il vint donc s'installer dans l'hôtel du pavillon Henri IV. Le changement d'air sembla produire en effet un heureux résultat.

« Le dimanche 2 septembre il s'était rendu à Poissy pour rendre visite à M. Meissonier, qui devait faire son portrait; il ne l'avait pas rencontré ét était revenu de bonne heure à Saint-Germain où il avait passé la soirée en compagnie de quelques amis. Il était fort gai. Il avait passé une nuit excellente. Le lundi matin, il s'était levé à cinq heures; il était, on le sait, très-matinal. Il devait, ce jour-là, venir à Paris, et, en son nom, M. Barthélemy Saint-Hilaire avait donné rendez-vous à quelques personnes, entre autres à M. Gambetta, à l'hôtel de la place Saint-Georges, de trois à quatre heures de l'après-midi. Comme il comptait passer tout le mois de septembre à Saint-Germain, il avait décidé de rapporter de Paris les effets nécessaires pour la saison.

« Après avoir travaillé jusqu'à sept heures, il avait fait une promenade de deux heures sur la terrasse de Saint-Germain, et s'était ensuite remis au travail. A midi, il avait commencé à déjeuner de très-bon appétit. Au milieu du repas cependant il repoussa un plat, disant : « Ceci n'est pas bon ; » il se sentit comme oppressé. Mme Thiers et Mlle Dosne remarquèrent une altération grave dans ses traits et elles s'empressèrent autour de lui. M. le docteur Lepiez fut aussitôt appelé. Lorsqu'il arriva, M. Thiers était assis dans son fauteuil et assoupi. Le docteur constata un commencement d'apoplexie séreuse, et lui fit mettre des sinapismes aux jambes et des sangsues à la nuque; Mlle Dosne se rendit immédiatement à Paris pour chercher M. Barth, le médecin ordinaire de M. Thiers. Lorsque M. Barth arriva à quatre heures et demie, l'état de l'illustre malade avait empiré. L'application des sinapismes n'avait amené aucune réaction. La prostration était complète; la bouche était crispée, l'œil déjà voilé. A six heures cinq minutes, sans avoir repris connaissance depuis le début de l'attaque, M. Thiers rendait le dernier soupir [1]. »

Dès que le maréchal de Mac-Mahon eut appris la fatale nouvelle, il envoya de Boën (Loire), où il se trouvait en ce moment, à M. d'Harcourt, son secrétaire, la dépêche suivante :

« Faites réunir immédiatement les ministres, donnez le plus de solennité aux funérailles, car cette mort doit être une manifestation nationale et non une affaire de parti. Du reste, je serai demain à Paris. »

D'autre part, Mme la maréchale de Mac-Mahon envoyait de Montcresson (Loiret) à Mme Thiers le télégramme suivant :

Madame,

Veuillez recevoir l'assurance de toute ma sympathie dans le malheur qui vous frappe; je m'associe de tout cœur à votre douleur.

DUCHESSE DE MAGENTA

Le *Journal officiel* publiait le 5 septembre un décret ordonnant que « les funérailles de M. Thiers auraient lieu par les soins et aux frais de l'État. » Un court rapport, adressé par M. le ministre de l'intérieur au Maréchal-président, indiquait en termes d'une convenance parfaite les raisons qui justifiaient cet hommage exceptionnel rendu à la mémoire de l'ancien Président. Il ne tenait pas, on le voit, au gouvernement que, devant cette tombe si brusquement ouverte, les divisions et les calculs de parti ne fussent oubliés, et qu'entre toutes les opinions il ne se fît une heure

[1]. *La République française* du 6 septembre.

de trève pour rendre les derniers honneurs à l'homme qui avait tenu une si grande place dans notre histoire pendant près de soixante ans. Malheureusement la passion politique s'en mêla et toute la bonne volonté du gouvernement vint échouer contre les exigences de Mme Thiers qui, mal conseillée, préféra laisser faire autour du corps de son mari une manifestation politique au lieu de voir l'État rendre à la tombe de M. Thiers « tous les honneurs qu'un grand pays doit à ceux qu'il a jugés dignes de lui commander ». [1]

Le décret du 5 septembre dut donc être rapporté le lendemain, au grand regret du gouvernement qui eût été heureux de payer à l'ancien Président la dette de gratitude et de reconnaissance que la France avait contractée à son égard dans des moments difficiles.

Quoi qu'il en soit, devant cette tombe encore ouverte, il est difficile de se défendre d'un sentiment d'admiration et de respect, en présence de ces restes refroidis qu'anima l'une des plus vastes et des plus vigoureuses intelligences du siècle.

Comme le disait très-justement le *Soleil*, il y a deux jours : « M. Thiers a joué un rôle trop considérable dans les des- « tinées de son pays pour qu'il ne laisse pas un grand vide. « Son influence a quelquefois été funeste ; hier encore, elle « pouvait devenir fatale. Mais son action a été souvent « utile : longtemps il a contenu, sous la monarchie de 1830, « les agitations démagogiques. Ce souvenir d'autrefois « doit lui faire pardonner les compromissions qui ont « marqué la fin de sa carrière. Il était d'ailleurs le dernier « grand parlementaire de la monarchie constitutionnelle. Ce « sera là un de ses plus beaux titres au respect de la pos- « térité. »

PARIS, 7 septembre 1877.

---

1. Rapport du ministre de l'Intérieur au Président de la République.

Monsieur

Je suis si occupé que
je n'ai pu vous
écrire; j'attendais
d'ailleurs l'occasion de
vous voir que vous ne
m'avez pas fournie,
et j'en aurais profité
pour vous prier de
remercier en mon nom
Mr. Alex. Dumas, que je
n'ai pas l'avantage de
connaître personnellement
du long et très flatteur
article qu'il a écrit sur
mon compte. J'ai été
vivement touché de cet

article où je puis mettre sous
les yeux du public les efforts
que je fais pour sauver le
pays de l'anarchie, et surtout
de la désorganisation non moins
funeste que l'anarchie. Veuillez
témoigner au brillant et
spirituel écrivain ma sincère
gratitude, et recevoir pour
vous-même l'assurance de
mes sentiments les plus
affectueux

18 juin
1891

Paris. — Imp. F. Debons et Cie, 16, rue du Croissant.